팜플렛,
정치맛집

팜플렛, 정치맛집

초판 1쇄 발행일 2019년 12월 24일

지은이   양순필

펴낸이   이재교

디자인   김상철 홍상만 김미언 이정은
제작   신사고하이테크(주)

펴낸곳   굿플러스커뮤니케이션즈(주)
출판등록   2013년 5월 7일 제2013 - 000136호
주소   서울특별시 마포구 동교로17길 51 4층 (서교동 458-20)
대표전화   02 - 6080 - 9858
팩스   0505 -115 - 5245
이메일   goodplusbook@gmail.com
홈페이지   www.goodplusbook.com
페이스북   www.facebook.com/dmz.book

ISBN   979-11-85818-42-9 03300

팜플렛,

양순필 지음

굿
플러스
북

차 림 표

Contents

정치 잘하는 좋은 정치인이 있는 곳,
'정치맛집'으로 초대합니다

말의 힘, 특히 우리말의 힘은 정말 셉니다.

"이곳이 '사진 맛집'이라고 소문나서 인생샷 찍고 왔어요."

〈카카오톡〉이나 〈페이스북〉을 통해 가끔 이런 글을 접할 때가 있습니다.

사진이 먹는 것도 아닌데 맛집이라니… 세종대왕님과 주시경 선생님께서 이 말을 들으시면 뭐라고 하실까요?

그런데 정말 신기하고 놀라운 것은 말도 안 되는 말인데도 들으면 바로 무슨 뜻인지 알아들을 수 있다는 사실입니다. 누가 설명해 주지 않아도 되고 〈네이버〉에 물어볼 필요도 없습니다.

사진 맛집 : 멋진 사진을 찍을 수 있는 명소, 사진 잘 나오는 곳.

누구라도 이걸 바로 알 수 있습니다.

원래 맛집이라는 단어 앞에는 먹을 수 있는 음식 이름이 붙어야 말이 됩니다. 냉면 맛집, 순댓국 맛집처럼 말이죠. 하지만 지금은 음식뿐만 아니라 무언가를 잘하는 유명한 곳을 통틀어 맛집이라고 부릅니다. 예쁘고 개성 있는 신발이 많이 있는 '신발 맛집'도 있고, 연기파 배우들이 출연하는 영화나 드라마를 '연기 맛집'이라고 부르기도 합니다.

이 책의 제목인 '정치맛집'은 이런 신조어 문화에서 따온 것입니다. '정치 잘하는 좋은 정치인이 있는 곳' 이게 바로 정치맛집 아닐까요!

저는 신문기자로 정치인으로 살아오며 많은 사람을 만났습니다. 기자 시절에는 주로 많이 물었고, 정치인이 된 뒤부터는 어디를 가서 누구를 만나든 정말 많은 질문을 받고 있습니다.

"정치가 뭐라고 생각하세요?" "왜? 정치를 하세요."

불쑥 이런 질문을 받으면 짧은 시간에 어디서부터 어떻게 말씀드려야 할까, 순간 고민하게 됩니다.

또 조금 깊이 들어가서 "왜 민주당을 안 하고 계속 힘든 제3당으로 도전하는 건가요?"와 같이 짧지 않은 설명과 토론이 필요할 때도 많습니다.

질문을 주신 누구에게나 바로 그 자리에서 제 생각을 말씀드리지만 언제나 부족하기 마련입니다. 물으신 의도에 꼭 맞게 충실하게 답하고 다시 또 말씀을 듣는 기회는 흔치 않습니다.

이런 송구한 마음과 갈증이 이 책을 쓰게 된 이유입니다.

많은 분이 정치인으로 사는 제게 던진 질문과 그에 대한 대답이라고 할 수 있는 제 생각과 고민을 정리했습니다. 글은 길지 않지만 내용은 충실하고, 다루는 주제는 진지하지만 형식과 표현은 가볍고 쉽게 쓰려고 노력했습니다.

1장은 맛있는 정치를 찾는 〈맛집 검색〉입니다. 노

포(老鋪)들이 사라지고 대형 프랜차이즈 가맹점들만 범람하는 골목 경제 이야기를 우리 정치에 비유해 설명합니다. 거대 정당 간판을 단 '프랜차이즈 정치인'들만 넘쳐나고, 신념과 소신을 지키는 '노포 같은 정치인'은 찾기 어려운 정치 현실을 지적한 것입니다.

한국 정치를 독점하는 기득권 양당 구도의 폐해를 멸종한 사우르스에 빗대 비판하고, 거대 양당을 이끌 수 있는 제3당의 중요성을 설명합니다. 정치 노포를 창업할 만 한 세 가지 조건도 제시합니다.

2장은 조금 거창하게 말하면 정치사상, 또는 정치 철학에 대한 이야기입니다. 그렇다고 어려울 건 없습니다. 현대 민주정치에서 가장 중요한 정치 조직인 정당을 재료로 푹 끓여낸 진한 국물을 한 그릇 후루룩 비우시면 그만입니다.

'정당의 시간'은 언제까지 계속될 것이며, 그 시간이 끝나고 나타날 정당 이후의 정치는 어떤 모습일까요? 아직은 정식 메뉴판에 오르지 않은 '착한정치협동조합'은 어떤 색깔이고 무슨 맛일까요?

정치의 과거와 현재, 미래를 통찰하고 독자 여러분과 함께 맛보기 위해 준비한 〈시식 코너〉입니다.

3장은 양순필이 살아온 이야기의 몇 단면을 맛볼 수 있는 〈코스 요리〉입니다. 여러분은 맛집 잠행단이 되어 주방장 양순필을 만나게 됩니다.

"양순필 씨, 당신은 어떤 사람입니까?"

여러분이 던진 질문에 저는 아직 답할 준비가 부족한 것 같습니다. 그래서 몇 편의 개인적인 글로 답변합니다. 또 저를 이야기할 때 빼놓을 수 없는 '노무현 대통령', '대변인', '시티즌 오블리주'와 관련된 글을 전하는 것으로 그 대답을 대신합니다.

4장은 〈디저트〉입니다. 제가 쓴 창작 동화를 정치맛집의 후식으로 내놓습니다.

제가 동화를 쓴 것은 누군가에게 내보이기 위해서가 아니라 어쩌면 저 자신을 위해서였는지도 모릅니다. 상대편을 비판하는 '대변인의 글쓰기'에 상대방 못지않게 상처받은 저 자신을 치유하기 위해 동화를 썼고, 이 글을 쓰면서 위안을 받았습니다.

행복한 글이 주는 치유와 위안의 힘을 맛집을 찾아주신 여러분들과 함께 나누고 싶습니다.

이 책 제목에 사용한 팜플렛이라는 표현에 대해 양해 말씀을 드립니다. 팜플렛을 소책자로 바꿔서 써야 맞습니다. 외래어 표현을 굳이 쓴다면 팸플릿이라고 해야 합니다. 그럼에도 팜플렛을 그대로 사용한 것은 20대 시절 추억 때문입니다.
한양대학교 정치외교학과에 다니던 시기, 겨울방학 무렵이면 많은 <정치 팜플렛>이 쏟아져 나왔습니다. 선후배, 동기들과 함께 팜플렛을 읽고 민주주의를 토론하고 더 좋은 세상을 꿈꾸며 밤을 지새웠습니다.
이 부족한 책이 감히 모든 사람들이 함께 행복하고, 평화로운 더 좋은 세상을 만들어가는 작은 밀알이 되길 바라는 마음에서 옛 추억을 소환한 것이니 널리 이해해 주세요.

Chapter **1. 맛집 검색**
찾아라 맛있는 정치

프랜차이즈만 남고
노포(老鋪)는 사라진다면

- 기득권 정치에 맞서는 정치 노포
- '자한당사우르스'의 멸종

찾아라 맛있는 정치

프랜차이즈만 남고
노포(老鋪)는 사라진다면

"포털에서 맛집을 검색했다가 낚였다!"

인터넷으로 맛집을 검색해 찾아갔다가 실망한 분들이 종종 이런 글을 올립니다.

'광고비를 더 많이 내면 검색 위치가 더 좋은 곳으로 바뀌고 조회 수가 올라간다.' '돈을 받고 홍보성 글을 게시했다.' 이런 씁쓸한 뉴스를 심심찮게 만날 수 있습니다.

돈만 있으면 좋은 입소문과 사회적 평판도 살 수 있을 거라고 믿는 사람들이 점점 많아지고 있습니다. 장삿속에 눈이 먼 일부 기업들과 대형 식당들만 이런 게 아닙니다. 속임수 마케팅의 유혹은 의식주 모든 생활 영역까지 구석구석 파고들고 있습니다.

거짓 광고의 첫 번째 피해자는 그곳을 찾은 소비자입니다. 더 심각한 문제는 이런 그릇된 상술이 정직하게 장사하는 작은 가게들의 생존을 위협해 결국

문을 닫게 만들 수도 있다는 사실입니다. 이렇게 되면 소비자가 선택할 수 있는 폭은 더더욱 좁아지고 부도덕한 상술이 이기는 꼴이 됩니다.

결국 다양한 맛과 멋을 자랑하던 골목 가게들은 점점 사라지고 거대 자본이 운영하는 획일화 된 프랜차이즈만 남게 될 것입니다. 다양성은 사라지고 획일적인 것들만 세상에 남습니다. 음식도, 패션도 그리고 사람들의 생각까지도…

수십 년을 지켜온 노포(老鋪) 옆에 같은 업종의 대형 프랜차이즈가 들어와서 온갖 마케팅 수단을 총동원한다면 어떻게 될까요? 십중팔구 노포는 쓰러지고 프랜차이즈가 상권을 장악하게 됩니다. 이것은 노포의 주인이 무능해서가 결코 아닙니다. 힘 있는 자만 승리하는 이런 결과는 공정한 것도 정의로운 것도 아닙니다.

요즘 언론을 보면 노포를 찾고 알리는 기사들을 종종 만날 수 있습니다. 서울에 몇 곳 남지 않은 대장간 이야기, 이북에서 피난 내려온 시어머니의 대를 이어 이미 백발이 된 며느리가 지켜온 밀면집, 70대 바느질 달인이 아직도 손님을 맞는 수선집 등등.

사람 냄새 물씬 나는 나는 따뜻한 노포 이야기에도 마냥

웃을 수 없는 이유가 있습니다. 노포가 그나마 명맥을 유지하는 데가 대부분 외진 변두리 지역이나 돈이 안 되는 업종들로 점점 줄어들고 있기 때문입니다.

이제라도 노포를 지키고 살려야 하지 않을까요. 이것은 가게 주인들과 그 자식들만의 일이 아니라 우리 모두의 책임일 것입니다.

중소영세기업과 대기업으로 이야기를 넓혀 생각해 볼 수도 있습니다.

대기업이 하청기업들이 어렵게 개발하고 쌓아온 기술과 아이디어, 브랜드를 탈취했다는 고발 뉴스가 끊이지 않고 있습니다. 돈과 힘을 앞세운 일부 부도덕한 대기업들의 반칙과 약탈이 정직한 상인과 기업인, 나아가 국민을 위협하고 있습니다. 중소영세기업의 경영과 그 노동자들의 생활이 튼튼해야 대기업이 더 크게 발전할 수 있다는 사실을 명심해야 합니다.

대기업 프랜차이즈만 남고 작은 노포들이 모두 사라진다면 어떻게 될까요? 그 결말은 너무도 뻔합니다.

정치도 마찬가지 아닐까요? 특색 있는 정치맛집은 자리를 잡지 못하고, 거대 정당 간판을 단 '프랜차이즈 정치인'들만 넘쳐난다면 정치의 미래도 암울할 것입니다.

기득권 정치에 맞서는
정치 노포

노포 이야기를 우리 정치 현실에 대입해 보면 어떨까요?

대한민국에서 자기 색깔과 신념을 지키며 정치를 하는 '노포 같은 정치인'은 얼마나 될까요?

손에 꼽아보려고 해도 잘 떠오르지 않으실 겁니다. 왜 이렇게 됐을까요?

권력과 자금, 조직을 장악한 거대 양당의 기득권에 편승해야만 국회의원이 될 수 있기 때문입니다. 더불어민주당과 자유한국당 두 정당이 국회 의석의 80%를 차지하고 있습니다. 지역구에서 당선된 국회의원은 두 당의 비율이 더 높습니다. 이걸 다시 말하면 국회의원이 되고 싶으면 민주당이나 한국당 둘 중에서 하나를 택해야 한다는 소리입니다.

나아가 이들 국회의원들이 전국 시장·군수·구청장과 지방의원의 공천에 막대한 영향력을 행사하고, 거

대 정당의 공천이 곧 당선으로 이어지는 정치 독점 구조가 '정치 노포'를 원천적으로 봉쇄하고 있는 것입니다.

고 노무현 대통령은 당시 우리 정치의 가장 큰 폐해인 지역주의 기득권을 깨뜨리기 위해 낙선을 두려워하지 않고 거듭 부산에 출마했습니다. '부지깽이가 후보로 나서도 특정 지역에서는 특정 정당 공천만 받으면 당선 된다'는 웃지 못할 우스갯소리가 있던 시절입니다.

그렇다면 오늘날 우리가 극복해야 할 가장 큰 정치 기득권은 무엇일까요?

저는 거대한 두 정당이 한국 정치를 독점하는 낡은 양당 구도가 그중 하나라고 생각합니다. 대통령선거에서 국민의 심판을 받아 정권을 내놓아도 무조건 제1야당이라는 엄청난 기득권이 보장되는 양당 정치는 문제가 심각합니다.

양당제라는 정치제도는 아무런 잘못이 없는 무죄입니다. 다만 우리 정치 현실에서는 양당 구도가 매우 안 좋은 쪽으로 작동하고 있습니다.

정권을 내주고 제1야당이 되는 순간부터 이들은 대통령의 실패만 기다리며 사사건건 국정을 발목 잡는 행태를 되풀이 합니다. 정부여당의 실패가 곧 제1야당에게는 최고의 기회라는 인식이 반성과 성찰을 가로막습니다.

제1야당이 누리는 달콤한 기득권은 집권여당에게도 독이 됩니다.

대통령과 여당의 인기가 떨어져서 다시 집권하지 못해도 무조건 제1야당은 될 수 있습니다. 그러면 저들이 했던 것처럼 똑같이만 하면 다시 또 집권할 기회를 갖게 될 테니 여당 또한 혁신과 점점 멀어집니다.

저는 앞서 "왜 민주당을 안 하고 계속 힘든 제3당으로 도전하느냐?"란 질문을 많이 받는다고 말씀드렸습니다.

거대 양당을 위협하고 나아가 대체할 수 있는 제대로 된 제3당, 국회를 이끌어가는 대안 정당을 세우는 것이 한국 정치에서 매우 중요한 일이라고 생각하기 때문입니다. 집권여당도 국정 운영을 잘못하면 제1야당이 아니라 3당, 4당으로 떨어질 수 있는 정치구조가 되면 정치권은 국민 무서운 줄 알고 지금보다 훨씬 더 정신 바짝 차리고 열심히 일할 것입니다.

싸움은 말리고 흥정은 붙이라는 옛말이 있습니다. 양극단의 주장만 내세우며 서로 대립하고 갈등하는 거대 양당 사이에서 중재자로, 때론 심판자로 대안을 제시하며 제 역할을 다하는 힘 있는 제3당은 우리 국민을 위해 꼭 필요한 존재입니다.

거대 정당들이 관행처럼 되풀이하는 소위 인재 영입 행태가 우리 정치를 좋은 방향으로 바꾸고 있고, 긍정적으로 기여하고 있는지도 한 번 짚어볼 대목입니다.

큰 당들이 인재 영입이라는 포장지를 씌워서 명망가들을 정치권에 불러 모으는 것을 대기업이 중소기업의 아이디어와 브랜드를 탈취하는 것에 비유하면 지나친 억측일까요?

정치 희망생들이 줄줄이 거대 정당에 들어가 비례대표로 또는 당선에 유리한 지역구를 넘겨받아 국회에 진입하는 것에 대해 노포를 프랜차이즈에 팔아넘기는 행태라고 지적하면 어떤 반응일까요?

정당이 외부 인사를 영입하고, 정치인을 꿈꾸는 사람들이 거대 정당의 브랜드를 달고 국회에 진출하는 것을 탓하거나 비난할 생각은 없습니다. 그건 각자의 선택입니다.

다만, 아래 세 가지 질문에 모두 예라고 답할 수 있는 분이라면 프랜차이즈 정치인이 아니라 정치 노포의 길에 당당하게 나설 것을 적극 권장합니다.

먼저 무엇보다 "좋은 제3당을 만들고자 하는 열정과 도전정신, 사명감이 있습니까?"

다음으로 "거대 정당의 기득권과 맞서 싸울 수 있는 정치적 역량과 지지 기반, 그리고 자신감을 갖고 있습니까?"

끝으로 "거대 정당 포장지를 두르지 않아도 알맹이를 보고 자신을 선택하는 사람들이 더 많을 것이라는 국민과 지역 유권자에 대한 굳은 믿음을 갖고 있습니까?"

작은 물방울이 거대한 바위를 깨뜨리는 법입니다. 물방울이 많이 모여 거센 물줄기가 된다면 그 시간은 더욱 빨라질 것입니다.

'자한당사우르스'의 멸종

　정치 노포를 가로막는 가장 큰 걸림돌은 거대 양당이 독점한 정치 기득권입니다.

　"쟤네들도 똑같아요. 쟤가 더 못해요."

　큰 두 정당이 서로 손가락질 하며 상대편의 실수와 실책을 먹고 사는 적대적 공생 관계를 끝내야 합니다.

　□□당이 미워서 어쩔 수 없이 △△당을 찍었는데, △△당에 실망해서 다시 □□당을 찍을 수밖에 없다면 정말 불행한 선택입니다.

　아래 논평은 제가 국민의당 수석부대변인으로 활동하던 2017년 12월 예산 정국 때 쓴 것입니다. 그해 5월 정권교체가 이루어졌고, 문재인 정부 첫 예산안이 국회 본회의를 통과한 후 벌어진 국회 상황을 지적하며 이런 논평을 냈습니다. 당시 많은 언론이 제 논평을 보도했고, 자한당사우르스라는 표현이 큰 화

제를 모으기도 했습니다.

이 논평을 옮겨온 것은 자유한국당은 물론 더불어민주당도 지난 20대 총선에서 우리 국민이 선택한 다당제 시대에 아직도 잘 적응하지 못하고 있다고 생각하기 때문입니다.

자한당사우르스라는 말을 민주당사우르스라고 바꿔서 최근에 벌어지고 있는 정치 현실에 빗대 논평을 내도 하나도 어색하지 않을 것입니다.

환경에 적응하지 못한 공룡이 멸종했듯이 거대 정당들도 새로운 시대에 적응하지 못하면 결국 같은 신세를 면하지 못할 것입니다. 거대 양당의 기득권에 금이 가고, 여기저기에서 정치 노포들이 문전성시를 이룰 때 합리적이고 생산적인 다당제 정치가 꽃피울 것입니다.

다당제 시대에 적응 못한
'자한당사우르스'는 결국 멸종할 것이다

2018년 예산안과 법인세법 개정안 처리 과정에서 보여준 자유한국당의 행태는 가히 오합지졸이라 할 만하다.

전략도 없고 대책도 없이 갈팡질팡하다가 새해 예산안이 국회 본회의를 통과하자 엉뚱하게 국민의당에 분풀이 하는 꼴이 정말 한심하다.

국회 116석을 가진 덩치만 큰 제1야당이 이처럼 무기력한 것은 국민의당 탓이 아니라 자유한국당 자신이 다당제 시대에 적응하지 못했기 때문이다.

보이콧을 밥 먹듯이 하는 자유한국당과 입만 열면 막말을 내뱉는 ○○○ 대표를 보면 새로운 시대에 적응하지 못하고 멸종한 공룡을 보는 것 같다.

이미 대한민국 정치는 다당제 시대로 바뀌었는데 자유한국당은 여전히 쥐라기 시대를 살고 있는 '자한당사우르스'처럼 행동하고 있다.

20대 국회는 더이상 거대 양당이 국회를 독점한 양당제가 아니다. 양당제 때는 한쪽 당이 보이콧 하면 국회가 마비됐지만 다당제에서는 그렇지 않다.

대안도 없이 반대를 위한 반대만 일삼는 자유한국당의 낡은 투쟁 방식은 다당제 국회에서는 더이상 통하지 않는다.

진화에 실패한 공룡에게 미래는 없다. 다당제 시대에 적응하지 못한 '자한당사우르스'는 결국 멸종할 것이란 경고를 자유한국당은 명심해야 할 것이다.

자유한국당은 이제라도 있지도 않은 밀실야합 운운하지 말고, 시대적 요구인 개헌과 선거구제 개편에 적극 동참하길 바란다.

아울러 더불어민주당과 문재인 정부도 또 다른 공룡이 되지 않기를 진심으로 당부한다.

2017년 12월 7일, 국민의당 수석부대변인 양순필

정당과 정치맛집

정당,
닭갈비인가 계륵인가?

- 아직은 정당의 시간
- 풋사과, 정당 이후의 정치
- 착한정치 + 정치협동조합

정당과 정치맛집

정당,
닭갈비인가 계륵인가?

춘천닭갈비는 정말 많은 사람들이 즐겨 먹는 맛있는 음식입니다. 하지만 《삼국지》에서 진퇴양난에 빠졌던 위나라 조조의 저녁 밥상에 올라온 닭갈비, 즉 계륵(鷄肋)은 버리기에는 아깝지만 먹을 것은 없습니다. 닭갈비라는 이름은 같지만 처지는 하늘과 땅 차이인 셈입니다.

오늘날의 정당을 닭갈비에 비유한다면 춘천닭갈비일까요, 계륵일까요?

대선과 총선을 앞두고 자기가 좋아하는 정치인이 대통령이나 국회의원 후보가 되도록 하려고 일거에 수많은 사람들이 정당의 당원이 되는 경우가 있습니다. 이런 걸 보면 정당은 아직 춘천닭갈비인 것 같습니다.

하지만 선거가 끝나면 가입했던 당원들이 썰물처럼 빠져나갑니다. 정당에 대한 국민의 신뢰가 거의

검찰 수준인 걸 보면 살점은 고사하고 껍질 한 점 붙어 있지 않은 계륵 같습니다.

어쩌면 우리 정당들은 춘천닭갈비와 계륵 사이 어디쯤엔가 있고, 점점 계륵 쪽을 향해 가고 있는 상태가 아닐까 싶습니다.

그래도 분명한 것은 아직은 '정당의 시간'이라는 것입니다.

정당정치는 현대 민주주의의 근간을 이루고 있습니다. 현대민주정치는 정당 없이 존재할 수 없습니다.

민주주의를 하는 모든 나라들이 헌법에 정당 설립의 자유를 명시하고, 국가의 정당에 대한 보호 책임을 규정하고 있습니다. 대한민국 헌법도 제8조에 이런 내용을 담고 있습니다.

또 헌법 규정을 근거로 제정된 정당법과 선거법 등을 보면 오직 정당만이 선거 후보자를 공천하고, 동일한 기호를 부여받는 등 선거운동에서 결정적으로 유리한 지위를 가지고 있습니다. 또 일정 조건을 갖춘 정당은 국고의 보조를 받으며 정치 활동을 할 수 있도록 재정적인 지원을 받고 있습니다.

이처럼 정당은 그 어떤 정치 조직도 갖지 못한 우월적이고 배타적인 특권을 누리고 있습니다.

이런 법적, 제도적 토대가 정당의 시간을 가능하게 하는 물적 기반입니다.

그런데 이것은 양날의 칼과 같습니다. 국민의 참여와 지지가 정당이 존립하는 가장 큰 밑거름이 아니라, 법에 보장된 정치적 지위와 권한으로 버티는 것이라면 결코 오래갈 수 없습니다.

정당들이 정당의 시간을 늘리며 춘천닭갈비처럼 널리 사랑받게 될까요, 아니면 결국 시간을 재촉해 외면당하고 버려지는 조조 밥상의 계륵 신세가 될까요?

이건 어디까지나 정당과 정치인들이 어떻게 하느냐에 달렸습니다.

그래도 분명한 건 언젠가 정당의 시간은 끝나고, 인류는 정당 이후의 정치를 맞게 될 것이라는 점입니다.

정당의 시간을 지나 아직은 식당 메뉴판에 오르지 않은 정당 이후의 정치와 정치협동조합의 레시피를 함께 고민해 보는 글로 이 장을 구성합니다.

아직은
정당의 시간

아직은 정당의 시간이라는 문구에서 더 중요한 대목은 정당의 시간이라는 말보다 어쩌면 '아직은'이라는 단어인지도 모릅니다.

정치인으로 사는 저는 아직은 정당의 시간이라는 것을 받아들이고 있습니다. 마지못해 수용하는 것이 아니라 적극적으로 참여하고 책임지려고 합니다.

정당은 여러 문제점과 한계를 안고 있지만 그래도 아직은 이를 완전히 대체할 수 있는 다른 대안이 존재하지 않습니다. 정당은 여전히 유의미하고 유용합니다. 또 정당에게는 아직 충분한 시간과 기회가 있습니다.

너무나도 분명한 것은 2020년 국회의원선거와 다음 20대 대통령선거는 정당의 시간 속에서 치러질 거라는 사실입니다.

네덜란드 철학자 스피노자는 "내일 지구의 종말이

온다고 해도 오늘 한 그루의 사과나무를 심겠다"는 명언을 남겼습니다. 이 격언을 정당의 시간에 대입하면 '언젠가 정당이 소멸하는 그날이 올지라도 지금은 좋은 정당을 만들고 민주적으로 개혁하겠다'고 바꿔 말할 수 있을 것입니다.

저는 2016년 총선 당시 신생 정당 국민의당의 국회의원 후보로 선거를 치렀습니다. 이후 광명갑 지역위원장을 맡아 어떻게 하면 정당이 지역과 사람 속에 뿌리내릴 수 있을까 깊이 고민하고 실천했습니다.

〈국민정책연구원 계간지 창간호〉에 기고한 원고를 일부 수정해 좋은 정당을 만들기 위한 성찰을 준비하는 도마 위에 올려놓습니다. 정당의 시간을 음미해 보세요.

정당,
지역과 사람 속에 뿌리내리기

국회의원 후보로 정당의 공천을 받거나 지역위원장에 임명된다면 가장 먼저 해야 할 일은 무엇일까요?

아마도 기성 정당이라면 지역 조직을 '인수'하는 게 제일 시급한 일일 겁니다. 당원 명부를 확보하고 이들의 성향을 분류하고 영향력 있는 핵심 당원을 선별해 본격적인 '관리'에 들어가는 것입니다.

하지만 2016년 총선 전후 시기, 국민의당 사정은 달랐습니다. 신생 정당 국민의당은 당원은 있는데 당원 명부는 없는 상태로 선거를 치렀습니다. 거리에서 선거운동을 하다 "저 국민의당 당원입니다" 하는 유권자를 만나면 로또라도 당첨된 것처럼 고맙고 반가웠습니다. 이렇게 한 명 두 명 당원 연락처를 확보해 '비공식 당원 명부'를 만들었습니다.

지역위원장에 임명된 후에도 넘겨받을 조직은 없었습니다. 모든 것을 백지상태에서 새롭게 만들어야 했습니다.

그러나 아무것도 없다는 것은 결코 불편한 결핍만은 아닙니다. 창의적이고 자유롭게 시작할 수 있다는 무한한 가능성이기도 합니다. 또 그 누구도 어떤 기득권도 갖지 않는 새로운 출발을 의미하며 낡은 관행으로부터의 자유이기도 합니다.

정당은 지역사회에서
어떤 존재인가?

중앙 정치권에서 정당의 역할은 비교적 분명합니다. 국회를 중심으로 입법을 통해 정책을 실현하고, 행정부와 견제 또는 협력 관계를 맺습니다. 다른 정당들과 대립하기도 하고 때론 타협합니다. 수많은 언론 매체에 노출되고 동시에 미디어를 활용해 국민과 소통하고 자신을 홍보합니다.

그렇다면 지역사회에서 정당은 어떤 존재일까요?

조금 냉정하게 평가하면 선거철에만 반짝 활동하고 평소에는 보이지 않는, 지역 주민들 입장에서는 '가까이 하기엔 너무 먼 당신'이 아닐까요. 또 정치인과 소수 당원들이 끼리끼리 모여 선거만 기다리는 친목 단체처럼 보일지도 모릅니다.

물론 정당에 소속된 국회의원이나 지방의원들이 민원을 청취하고 처리 결과를 회신합니다. 하지만 이런 일들은 주민들에게 정치인의 개별 활동으로 비칠 뿐 정당의 정치 행위로 받아들여지지 않습니다. 해당 정치인들도 정당 소속감을 내세우며 일하기보다는 개인 활동으로 생각하는 경향이 강합니다.

정당은 대의민주주의 핵심 기관입니다. 국민, 지역 주민들 다수가 원하는 일을 정당의 이름으로 앞장서서 함께할 때 그 존재 이유를 인정받을 수 있습니다.

때로는 지역 주민들보다 한 발짝 앞에서 문제를 제기해 공론을 이끌고, 한편으론 여론보다 반걸음 뒤에 서서 합리적이고 신중하게 실행 가능한 대안을 만들 책임이 정당에게 있습니다.

정당이 지역사회에 뿌리내리려면 지역 현안에 발빠르게 반응하고, 지역 주민들, 시민사회와 감수성이 통해야 합니다.

정당의 위기,
지역위원회의 도전

많은 시민들이 "정당으로 쳐들어가자"며 정치에 적극 참여하던 시기가 있었습니다. 특정 정치인에 대한 관심과 호감에서 시작된 정치 참여가 정당 가입으로 이어지기도 했습니다.

하지만 이들 중 적지 않은 사람들이 이런저런 이유로 상처받고 실망하고 정당을 떠났습니다.

정치에 무관심한 시민들은 당연히 정당에도 관심이 없습니다. 그런데 정치에 관심이 많은 사람들조차 정당을 멀리하고 입당을 망설입니다.

정당의 위기는 우리나라만이 아니라 다른 나라들에서도 나타나는 공통된 현상입니다. 또 기성 정당과 신생 정당 가릴 것 없이 비슷한 어려움을 겪고 있습니다. 최근 일부 국가에서 출현한 새로운 유형의 정당들이 대중적 인기를 얻기도 하지만 이들도 당원 조직이 취약한 경우가 많습니다.

지금도 우리는 정당의 위기 시대에 살고 있고, 전국의 지역위원회들은 위기에 맞서 도전하고 있습니다.

사실 정당의 위기는 중앙당에서는 잘 느껴지지 않습니다. 여의도에서는 국민들이 정치를 불신하고 불만이 높다는 것은 알아도 정당 자체가 위기라는 것은 잘 실감하지 못합니다.

정치권은 언제나 국민의 주목을 받고 있고, 언론은 항상 국회와 정당을 향해 스포트라이트를 비추고 있기 때문입니다.

정당의 위기가 곧바로 체감되는 곳은 바로 지역입니다.

선거에 출마한 후보를 물심양면으로 열심히 도왔

던 사람들도 정당의 당원으로 가입하는 것을 꺼립니다. "앞으로도 열심히 지지하고 응원은 하겠는데 당원이 되는 건 좀…" 하는 사람들이 적지 않습니다.

정당은 왜 지역 유권자들에게서, 심지어 지지자들로부터도 멀어지게 된 걸까요.

무엇보다 우리 정당들이 갖고 있는 배타적인 편 가르기 문화가 중요한 원인 중 하나일 것입니다. 당이 같으면 무조건 우리 편이고 다른 당은 옳은 말을 해도 적대하는 편협한 대결 의식이 합리적이고 유연한 시민들의 정당 가입을 가로막고 있는 것입니다.

'저 당이 나랑 맞는 거 같은데 그렇다고 당원이 되면 주변에서 나를 그 당의 색깔로 단정 짓고 인간관계에서도 불편하지 않을까?' 하는 걱정이 아무 정당에도 가입하지 못하게 만들고 있습니다. 특히나 작은 지역사회에서는 주변의 시선을 더욱 의식할 수밖에 없습니다.

정치인과 당원이 자기가 소속한 정당에 확신과 자부심을 갖는 것은 좋은 일입니다. 그렇다고 해서 다른 정당이나 당원들을 무시하거나 공격하는 것은 바람직하지 않습니다. 비판과 비난을 엄격히 구분할 줄 알아야 합니다.

오늘날 각 정당 지역위원회들의 도전은 다른 당과의 경쟁이라기보다는 정당에 대한 불신과 무관심 그 자체와 싸우고 있다고 해야 할 것입니다.

새로운 길,
네트워크와 정치협동조합

정당은 소수 열성 당원들만의 폐쇄적인 조직이 아닙니다. 또 자기주장과 이익만 100퍼센트 관철시키려는 투쟁 단체처럼 행동해서도 안 됩니다.

이제 함께 새로운 길을 모색하고 만들어가야 합니다. 상상력이 맞닿는 곳에 네트워크형 정당과 정치협동조합이 있습니다.

적극적인 당원들이 정당의 골간을 이루고 여기에 다양한 형식과 내용을 가진 지지자 그룹이 그물처럼 연결된 것이 네트워크형 정당입니다. 당장은 당원이 아니어도 정당과 함께할 수 있는 기회가 보장되고 이런 경험을 통해 더 튼튼하게 연대하고 동참하도록 하는 것입니다. 이를 통해 정치적 폐쇄성을 극복한 개방적이고 유연한 정당을 만들 수 있습니다.

정치협동조합을 한마디로 표현하면 '정치 공유지를 함께 만드는 것이라고 할 수 있습니다. 정당과 정당 간의 싸움은 정치에 대한 불신과 정당의 위기를 자초했습니다. 정당 주변은 온통 황무지뿐이고 정당들이 당원을 충원할 수 있는 초원은 급격히 사라지고 있습니다.

정당 이기주의를 버리고 공유지를 함께 가꾸지 않으면 언젠가 정당들 모두 고사될 위기에 처할 것입니다.

정치와 정당에 무관심한 국민을 탓하기에 앞서 어떻게 정당을 바꾸고 새로운 정치를 실현할 것인가 치열하게 고민하고 방법을 찾아야 합니다.

정치 불신을 조장하고 부추기면 잠깐은 이득을 보는 정당이 있을 수도 있습니다.

하지만 결국엔 모든 정당들이 다 같이 손해를 보고 그 피해는 국민에게 돌아갑니다.

서로 타협하고 상생하는 정치는 중앙 정치권보다 지역에서 먼저 가능할 수 있습니다. 전국적 차원에서 무언가를 일거에 하려면 거창한 기획과 막대한 인적, 물적 자원이 필요하지만 지역은 그렇지 않습니다.

마음껏 상상하고 자유롭게 실행에 옮길 수 있습니다. 오류가 있으면 빨리 바로잡고 다시 도전하면 됩니다.

천 명의 아이들이 있으면 그 아이들이 오를 천 개의 봉우리가 있다고 합니다. 아이들은 모두 저마다의 정상에 오를 것입니다.

각 정당 전국 지역위원회들 앞에도 수백, 수천 개의 봉우리가 놓여 있습니다. 이들 중 자기만의 길을 따라 그 정상에 오르는 지역위원회들이 나타날 것이고, 그렇게 지역과 사람 속에 뿌리내리길 응원합니다.

풋사과,
정당 이후의 정치

정당의 시간은 얼마나 남았을까요?

아무도 그걸 알지는 못합니다. 다만 분명한 것은 정당은 언젠가는 반드시 소멸한다는 것입니다.

소멸이란 지금 있는 더불어민주당, 자유한국당 같은 정당이 사라지고 다른 정당이 생긴다는 좁은 뜻이 아닙니다. 정당은 인류 정치사에서 기록으로만 남게 되고, 완전히 다른 성격과 형태를 가진 정치 시스템과 네트워크가 정당의 지위와 역할, 기능을 대체하게 될 것이라는 의미입니다.

정당이 소멸한다면 정치도 함께 사라질까요?

그건 그렇지 않을 것입니다. 정당은 인간이 정치 활동을 하기 위해 근대 이후에 만들어낸 일종의 수단일 뿐입니다. 반면 정치는 인류가 생존을 위해 태초부터 행한 본능적 행위라고 할 수 있습니다.

인간이 무리를 지어 사는 순간부터 정치가 존재했

고, 인류가 멸종하는 순간까지 정치는 인간과 운명을 함께할 것입니다. 다시 말해 인류는 정당이 없던 수십만 년 동안에도 정치를 했고, 정당이 사라진 후에도 계속 정치를 할 것이라는 의미입니다.

그럼 정당이 소멸한다면 어떤 일이 벌어질까요?

"정당이 싹 없어진다고! 생각만 해도 속이 시원하다."

이렇게 말씀하는 분들도 많으실 겁니다. 정치와 정당에 대한 불신과 분노가 그만큼 크기 때문입니다.

아무리 기존 정당들에 실망했다고 해도 정당의 소멸을 마냥 반길 수는 없습니다. 또 가만히 있으면 저절로 정당이 사라지고 새로운 그 무언가가 등장하는 것은 아닐 것입니다.

우리는 정당 이후의 정치를 어떻게 만들고 대비해야 할까요? 과연 독자 여러분들이 살아가는 세대 내에 정당이 사라진 정치 시대가 도래할까요?

또 정당 이후의 정치는 과연 어떤 모습일까요? 무엇이 정당을 대체하고 사람들은 어떻게 정치활동을 수행하게 될까요?

질문이 꼬리에 꼬리를 물고 이어지지만 지금은 '메탈이 가장 완벽한 물질'이라는 것 말고는 아무것도 단언할 수 없습니다.

우리 앞에 혼돈과 혼란이 도사리고 있는지 희망과 대안이 기다리고 있는지 모를 미지의 정치가 언젠가 우리 인류 앞에 다가올 것입니다.

다시 '정당은 언젠가는 반드시 소멸한다'는 명제로 돌아가 보겠습니다.

"정당이 위기라는 진단에는 동의할 수 있지만 정당이 소멸할 것이라는 주장에는 공감할 수 없다"는 반론도 있을 수 있습니다. 충분히 합리적인 지적입니다. 어쩌면 오늘날 상식으로는 인류가 정치 행위를 하는 한 정당은 계속 존재할 것이라고 믿는 게 더 맞을 수도 있습니다.

하지만 자연계의 원리에 비춰보면 생각이 달라지지 않을까요.

우리 인류가 살고 있는 지구도 수명이 있는 존재입니다. 이론상으로만 따지면 만약 태양이 어느 순간 사라지면 지구는 그로부터 8분 20초 후에 함께 소멸합니다.

태양은 자기가 가진 에너지를 모두 소진하면 소멸하게 되고 따라서 지구도 영원할 수 없습니다. 지구

별에 잠시 거처하고 있는 인류는 더더욱 멸종을 피할 수 없는 시한부(?) 존재입니다. 그러니 인간들이 만들어낸 정당은 더 말할 필요조차 없는 한시적인 수단일 뿐입니다.

이런 비유를 들지 않더라도 우리는 인간이 유용하다고 만들었던 수많은 문명의 이기와 제도들이 역사 속 유물이 되어 버린 사실을 알고 있습니다. 정당도 이런 운명을 피하지 못하고 언젠가 같은 처지가 될 거라고 예측할 수 있습니다.

정당이 사라진 정치가 어떨 것인가에 대해서는 지금으로서는 상상하기 어렵습니다. 그래도 대강의 방향은 짐작할 수 있습니다.

모태 신앙이라는 말 들어보셨죠. '어머니의 태(胎) 안에 있을 때부터 가지게 된 신앙'이라는 뜻입니다.

정당의 역사가 오래된 유럽 국가에서는 '모태 정당'이라는 말이 있을 정도였답니다. 사민당 당원인 부모에게서 태어난 아이는 엄마 아빠 따라 교회를 가듯이 어려서부터 자연스럽게 정당 활동에 참여하고 커서 그 당의 당원이 되는 식입니다.

하지만 정당들의 이런 전통은 빠르게 사라지고 있습니다. 새로운 세대들은 정당의 당원이 아닌 다른 네트워크를 통해 선거 캠페인에 참여합니다. 전통적인 의미의 조직에 가입하지 않고도 다양한 사회 관계망으로 서로 연결돼 있습니다.

이런 면에서 보면 젊은 세대가 정치에 무관심하고 잘 참여하지 않는다는 말은 맞지 않습니다. 새로운 세대는 새로운 방식으로 정치에 참여하고 있고, 이들에게 기성 정당은 가입하고 싶은 매력을 잃은 것일 수도 있습니다.

정치 영역에만 시선을 두고 바라보면 정당의 미래, 정당 이후의 정치가 잘 보이지 않을 수도 있습니다. 이럴 땐 금융과 쇼핑 등 다른 분야의 혁신적인 변화로 시야를 돌려 새로운 정치상을 그려 볼 수도 있습니다.

또 인문학적 고찰도 필요합니다.

정당은 본질적으로 경쟁의 수단입니다. 남을 밟고 올라서는 경쟁의 시기에는 정당이 가장 유용한 정치 조직일 수 있습니다. 하지만 인류의 미래, 정치의 미래가 경쟁에서 협력으로 바뀐다면 배타적인 정당은 빠르게 도태될 것입니다.

정당 이후의 정치, 처음엔 막연하고 불안했던 이 말이 조금은 친숙해지셨나요.

처음 들어보고 먹어 본 적도 없는 낯선 이름을 가진 음식을 접하면 사람들의 반응은 대게 두 가지로 나뉩니다. 호기심에 한 입 도전하는 사람과 모르는 음식은 입에 대지 않는 경우입니다. 일단 먹어 보고 입에 맞지 않으면 다음에 안 먹으면 됩니다. 그런데 처음부터 아예 피한다면 당신의 식탁은 더이상 풍성해지지 못할지도 모릅니다.

정당 이후의 정치라는 아직은 덜 익은 풋사과를 한 입 깨어 물은 맛이 어떠셨나요?

착한정치
+ 정치협동조합

착한정치협동조합은 착한정치와 정치협동조합 두 단어의 합집합입니다. 교집합은 정치입니다.

제가 착한정치협동조합이라는 문제의식을 처음 갖게 된 것은 이명박 정부 시절인 2010년 무렵부터입니다.

당시 제1야당이던 민주당은 국민참여당, 민주노동당 등과 함께 야권연대를 이뤄 2010년 지방선거와 2012년 총선을 치렀습니다.

국민참여당 대변인이었던 저는 당을 대표해 민주당, 민주노동당 인사들과 만나 야권연대 협상을 진행하는 등 그 중심에 있었습니다. 그 과정에서 국민과 야권이 힘을 합쳐서 정권에 맞서 함께 승리하자는 대의보다는 힘의 논리와 당리당략에 따른 소리(小利)를 앞세우는 경우를 많이 접했습니다.

그때 '정당이란 경쟁에서 무조건 자기만 이기려는 이기적 속성을 갖고 있고, 철저히 다른 정당을 배척하는 배타성을 띠고 있다'는 본질을 새삼 깨달았습니다. 권력 획득을 목적으로 하는 정당이 이런 본성을 갖는 것을 탓할 수는 없습니다. 어쩌면 당연한 것으로 인정해야 할 것입니다.

그렇다고 해도 정당에게만 정치의 미래를 맡겨 둘 수는 없습니다. 국민의 정치적 힘을 더욱 키우기 위해서는 정당이 아닌 새로운 무언가가 필요하다고 생각했습니다.

그래서 생각해낸 개념이 정치협동조합입니다.

정치협동조합은 ㄱ당의 당원과 ㄴ당 당원, 그리고 어느 정당에도 속하는 않은 시민들이 함께 참여하는 정치 조직입니다. 이 점에서 다른 시민운동단체와 크게 구분됩니다.

누구나 조합원이 될 수 있지만 정치협동조합의 구성원이 되면 특정 정당을 극단적으로 공격하거나 특정 정치인을 맹목적으로 추종할 수 없습니다. 물론 건전한 비판과 합리적 지지는 언제나 가능합니다.

평소에는 함께 소통하며 정치, 사회적 주제를 놓고 자유롭게 토론합니다. 선거 때는 각자 지지하는 후보와 정당 편에서 선거운동에 참여합니다. 공동으로 정치 개혁 활동과 선거 참여 캠페인을 펼칠 수도 있습니다. 이런 과정을 통해 다양한 정당과 서로 다른 정치적 신념을 이해하고 존중하는 성숙한 민주 시민이 되고, 좋은 정치인으로 성장하는 것입니다.

서로 다른 정당들이 선거 때만 잠깐 연대하는 것은 진정한 화합과 단결로 이어지기 어렵습니다. 서로에 대한 경쟁의식과 불신이 밑바탕에 깔려 있기 때문입니다. 평소에 서로 공유하고 넘나들 수 있는 연결고리, 그게 바로 정치협동조합입니다.

저는 앞선 글에서 정치협동조합을 한마디로 표현하면 '정치 공유지를 함께 만드는 것'이라고 말씀드렸습니다.

'공유지의 비극'이라는 말 들어보셨죠!

여러 사람이 각자 자기 가축을 키우는 마을에 누구나 와서 자유롭게 풀을 뜯게 할 수 있는 풀밭, 즉 공유지가 있다면 어떻게 될까요? 대부분의 사람들은 자기 땅의 풀은 아껴 두고, 소떼를 몰고 나와 공유지의 풀부터 먼저 먹어치우게 할 것입니다. 이렇게 되면 공유지는 머지않아 풀 한 포기 남아 있지 않은 황무지가 되고 맙니다.

오늘날 정당의 상황도 크게 다르지 않습니다. 이기적이고 배타적인 정당들 때문에 정당 주변은 온통 황무지로 변하고 있습니다. 정당들이 당원을 충원할 수 있는 '초원'이 사라지면 정당들 모두 고립되고 결국 고사할 것입니다.

현대 정당들은 '이타적인 행동이 가장 이기적인 결과를 가져올 수 있다'는 패러독스(역설)의 의미를 깊이 새겨야 할 것입니다.

정치협동조합 앞에 '착한'이라는 단어를 붙인 이유는 무엇일까요?

정치협동조합이 일반명사라면 착한정치협동조합은 대명사라고 할 수 있습니다.

착한정치란 정치의 본성을 탐구하고 얻은 깨달음 같은 것입니다.

정치란 무엇일까? 인간은 언제부터 왜 정치를 하게 되었을까? 스스로에게 이런 질문을 던져 보신 적 있으신가요? 그런 분은 별로 많지 않을 것입니다.

하지만 많은 분들이 인간의 본성이 원래 선할까 악할까에 대해서는 한두 번쯤 생각해 보셨을 것입니다. 바로 성선설(性善說)과 성악설(性惡說)입니다.

맹자는 인간은 천성적으로 선한 본성을 갖고 있는데 악이 생기는 것은 유혹 때문이라고 했습니다. 순자는 인간의 도덕성 즉, 선은 선천적이지 않으며 인위적인 노력을 통해 발휘해야 한다고 했습니다.

그럼 정치는 어떤 본성을 갖고 있을까요? 선한 것일까요, 반대로 악할까요?

저는 인류가 생존을 위해 태초부터 행한 본능적 행위가 정치의 시작이고 본질이라고 생각합니다.

인류의 조상들은 태어난 순간부터 생존을 위협받는 존재였습니다. 원시시대 인류는 사나운 육식 동물들로부터 끊임없이 생명을 위협받았습니다. 임신 기간이 길고 한 번 출산에 대부분 한 명만 낳을 수 있고, 또 생후 첫걸음을 떼기까지 1년의 시간이 필요한 인간은 종족 보존 자체가 쉽지 않은 생명체입니다. 오늘날 70억 명이 넘는 사람들이 사실상 지구 행성의 주인공으로 살고 있는 것은 거의 기적에 가깝습니다.

모든 생명체에게 본능적인 일차 목표는 종족을 보존하는 것입니다. 인류도 마찬가지고, 원시 인류는 더더욱 그랬을 것입니다. 우리 조상들이 종족을 보존하기 위해 가장 먼저 한 것이 정치라고 생각합니다.

여기서 말하는 원시적인 정치는 먹잇감이 생기면 구성원 모두가 살아남을 수 있도록 고르게 나눠 먹는 것입니다. 또 외부의 위협으로부터 동족의 생명을 같이 지켜내는 것입니다. 동족이 살아야 자기도 살 수 있고 종족도 보존할 수 있기 때문입니다.

이렇듯 태초의 정치는 선한 목적에서 시작됐고, 그 본성도 선했습니다.

제가 한양대학교 정치외교학과에 처음 입학했을 때 한 교수님이 정치학을 '제왕의 학문'이라고 말씀하셨습니다. 처음에는 그 뜻을 잘 이해하지 못했습니다. 나중에 생각해 보니 정치를 통치와 같은 개념으로 이해하고 하신 말씀인 것 같았습니다. 이런 인식은 정치가 고대 이집트의 파라오나 봉건시대 군주들의 통치 행위에서부터 시작됐다고 보기 때문이 아닐까 싶습니다.

지배자와 피지배자를 명확히 구분하고 통치자의 지배 행위를 정치로 규정하고 제도화한 시기는 그때가 맞을 것입니다. 하지만 원시 인류도 정치를 했다는 것이 제 생각입니다. 정치의 본성은 통치가 아니라 그 이전에 인류가 행한 태초의 공동 행위에서 찾아야 옳을 것입니다.

　정치와 통치를 구분해야 합니다. 통치 행위는 정치의 일부분일 뿐입니다. 통치가 곧 정치가 될 수는 없습니다.

　현대 정치인 중에도 봉건 영주 같지는 않더라도 정치를 통치로 생각하는 사람들이 있습니다. 이들은 정치를 권력으로 생각하고 누리려고 하다가 결국 국민으로부터 외면당하게 됩니다.

　인간의 본성이 선한 것인가 악한 것인가에 대해 정답이 있을 수 없습니다. 어떤 생각을 갖고 있든 분명한 것은 선한 삶을 살기 위해 노력해야 한다는 것입니다.

　정치도 마찬가지 아닐까요.

　정치의 본성이 어떤 것인지, 아니 정치에게 과연 본성이란 게 있기나 한 것인지 알 수 없는 것인지도 모릅니다.

　그래도 우리가 정치를 선한 의지를 갖고 공동체를 위해 기여하는 착한 존재라고 믿고 함께한다면 착한 정치는 그만큼 확산될 것입니다.

　착한정치협동조합은 아직 세상에 알려지지 않은 숨은 맛집과도 같습니다. 착한정치협동조합의 손님

으로 또는 주방장으로 정치협동조합과 착한정치를

맛보고 조리하러 어서 오십시오.

Chapter **3. 코스 요리**
맛집 잠행단

"당신은
좋은 사람입니까?"

- 아버지와 테니스공, 그리고 국회의사당
- 100만 원짜리 운동화
- 시티즌 오블리주
- 대변인은 입이 열한 개입니다
- 빨래의 시간
- 울고 있는 수많은 '노무현'을 보았습니다

정치
맛집

**코스
요리**

맛집 잠행단

"당신은
좋은 사람입니까?"

"당신은 좋은 사람입니까?"

영화 <증인>에서 자폐 소녀 지우(배우 김향기)가 변호사 순호(배우 정우성)에게 던진 질문입니다.

<한겨레>는 영화평에서 이 명대사를 '진실에 다가가는 정공법의 질문'이라고 표현했습니다.

진실과 정공법이 주는 무게 때문일까요. 사실 우리는 일상생활에서 "당신은 좋은 사람입니까?"라고 남에게 묻는 경우도, 누군가에게 질문을 받는 경우도 매우 드문 것 같습니다.

어떤 계기로 문득 자기 자신에게 '나는 좋은 사람일까?' 하고 묻는다면 이때가 우리가 이 질문과 마주하는 유일한 순간일 수도 있습니다.

저도 저한테 선뜻 "당신은 좋은 사람입니까?"라고 물을 용기가 나지 않습니다. 특히나 공개적인 말과 글로 이 질문을 던지고 스스로 답할 준비는 아직 안

된 것 같습니다.

그래서 살짝 질문을 바꿔 보려고 합니다.

"양순필 씨, 당신은 어떤 사람입니까?"

그리고 그 대답은 제가 쓴 몇 편의 개인적인 글로 대신하겠습니다. 특히 저를 설명할 때 빼놓을 수 없는 '노무현 대통령', '시티즌 오블리주'와 관련해서는 언론과 책에 실은 제 원고를 여기 다시 옮깁니다.

아버지와 테니스공,
그리고 국회의사당

국회의원선거에 도전한 제게 "왜 국회의원이 되려고 하느냐?"고 묻는 분들이 가끔 계십니다.

이런 질문에 저는 국회의원이 되려는 이유보다는 정치인으로서 하고자 하는 일을 말씀드리곤 합니다.

그런데 오늘은 국회의원이 되려는 이유 중 '매우 개인적인 것' 하나를 말씀드리려고 합니다. 돌아가신 제 아버지에 대한 이야기입니다.

제가 초등학교에 다닐 때로 기억합니다.

어느 날 아버지께서 짧은 털이 까끌까끌하게 난 연두색 공을 제게 선물로 주셨습니다.

털 사이사이에 황토흙이 끼어 있었고, 만지면 마치 '스포츠머리'로 깎고 뒷목을 쓸어 올릴 때 느낌과 비슷했습니다. 저보다 연배가 높거나 비슷한 또래의 남자분들은 어떤 감촉인지 금방 떠오르실 겁니다.

저는 그때 테니스공이라는 것을 처음 봤고, 테니스

공의 털은 원래 그렇게 짧은 것인 줄 알았습니다. 그 공으로 동네 아이들과 '짬뽕 놀이'를 재밌게 했습니다.

중학교에 입학한 후 '새 테니스공'을 처음 보게 됐습니다. 털이 길고 만지면 부드러운 느낌이었습니다. 처음에는 테니스공이 아닌 줄 알았습니다.

하지만 곧 아버지께서 예전에 주신 테니스공이 오래 사용해 털이 달아서 짧아진 것이라는 것을 알 수 있었습니다.

제 아버지는 지금의 국회의원회관이 건설될 때 그곳에서 일용직 노동자, 일명 '노가다'로 일하셨던 분입니다.

국회의원이나 보좌관들이 테니스를 치다가 공이 울타리를 넘어오면 주워서 건네 드리곤 하셨답니다. 그런데 한 분이 "그냥 가지셔도 된다"고 해서 주머니에 넣고 와 제게 주셨던 겁니다.

아버지는 막내 외아들인 저를 참 아껴 주셨고, 그 시절 다른 아버지들처럼, 겉으로 잘 표현을 못하셨지만 정이 깊은 분이셨습니다.

제가 정치인이 되겠다는 꿈을 갖는데 큰 영향을 주셨고, 꼭 국회의원이 되고 싶다는 생각을 하게 하신 분 중 한 분이십니다.

어린 시절 아버지가 국회의사당을 짓는 일을 하시는 것을 친구들에게 자랑했던 기억이 납니다. "지금 우리 아버지가 국회의원들이 일하는 곳을 짓고 계신데 나중에 내가 어른이 되면 국회의원이 돼 우리 아버지가 지은 의원회관에서 일할 거야."

그리고 20대 청년이 됐을 때 문득 이런 생각을 했습니다.

지금 국회의원들 중에 자신들의 방이 있는 의원회관을 지은 노동자의 자식이 있을까?

전 국회의원회관을 지은 건설 노동자의 자식으로서 꼭 국회의원이 되고 싶습니다.

이게 제가 국회의원이 되고 싶은 개인적인 유일한 욕심입니다.

〈광명일보〉, 2011.12.23.

100만 원짜리
운동화

제가 중학교 1학년이었을 때, 가을에서 겨울로 넘어가던 무렵. 당시로서는 무척 비싼 2만 원이 넘는 운동화를 샀어요. 이 신발을 어찌나 아꼈던지 신고 나갔다가 오면 깨끗이 씻어서 신발주머니에 넣어 안방 벽에 박혀 있는 못에 걸어 두었어요. 비가 오거나 눈이 내리는 날에는 신발 버릴까 봐 신지도 않았죠. 제 발이 더이상 크지 않았다면 아마 10년은 신었을 것 같은데… 중학교 3학년 되니 발가락이 아파서 이제 신을 수 없게 됐죠.

저보다 체구가 작은 친구에게 "미안하지만 내가 신던 신발인데 아직도 깨끗하고 멀쩡해서. 네가 괜찮다면 주고 싶은데, 어때 신을래?" 했어요.

거절하면 민망할 것 같아 망설이다 말했는데 친구가 고맙다며 그 자리에서 바로 신더니 밝게 웃더군요. 제 기분도 참 좋았어요.

이런 일이 있었던 게 까맣게 잊혀진 채로 30년이 흘렀죠.

그런데 몇 해 전 그 친구와 연락이 됐고, 어느 날 저를 찾아와서 "우리 친구 순필이가 하는 일을 돕고 싶다"며 거금 100만 원을 줬어요.

"이게 뭐야? 왜…" 제 말이 끝나기도 전에 친구가 "운동화 값이야!" 하는 겁니다.

"무슨 운동화? 아…" 그제야 저도 옛날 기억이 떠올랐죠.

신다가 작아진 신발 한 짝이 30년이 넘게 지나 '100만 원짜리 운동화가 되다니, 신발장에 놓인 신발을 보다 문득 친구 얼굴을 떠올립니다.

시티즌
오블리주

시티즌 오블리주라는 말은 시티즌(Citizen, 시민)과 오블리주(Oblige, 책임) 두 단어를 조합해 새로 만들어 낸 것입니다. 그렇다고 세상에 없던 게 갑자기 나타 난 것은 아닙니다. 이미 우리는 시티즌 오블리주 시 대에 살고 있고, 그 힘을 곳곳에서 느끼고 있습니다.

2007년 사상 최악의 기름 유출 피해를 입은 태안 등 서해안 지역에서는 100만 명이 넘는 사람들이 자 원봉사를 했습니다. 미국은 이미 10년 전에 성인의 57%가 일주일 평균 3시간 이상 자원봉사 활동을 하 고 있다는 통계도 있습니다. 갑부 한 사람이 수백 억 원을 사회에 기부하는 것은 매우 뜻깊은 일입니 다. 그 돈으로 좋은 일을 많이 할 수 있을 테니 말입 니다. 하지만 태안 사고처럼 몇몇 사람의 거액 기부 금보다 많은 사람들의 시간과 손길이 필요한 일들이 많습니다.

시티즌 오블리주의 힘은 시간을 기부하는 자원봉사에서 뚜렷하게 빛을 냅니다. 시간은 한 개인이 남보다 획기적으로 더 많이 기부할 수 없습니다. 아

무리 돈이 많고 지위가 높아도 이웃을 위해 쓸 수 있는 시간은 한 사람의 몫만큼만 가능할 뿐입니다. 시간과 손길이 필요한 곳에서 가장 강력한 힘을 발휘할 수 있는 것은 오직 사회적 책임을 실천하는 다수의 시민뿐입니다.

나눔이 필요한 것은 돈과 시간만이 아닙니다. 지식과 기술도 나눌 수 있습니다. 아무리 학식이 높아도 한 개인이 혼자서 백 명, 천 명이 가진 지식만큼을 내놓을 수는 없습니다. 반면 백 사람, 천 사람이 지식과 지혜를 모으면 교육과 정보에서 소외된 수많은 사람들에게 배움과 깨달음의 기쁨을 선물할 수 있습니다. 지식을 나누는 봉사 역시 시민의 참여가 가장 큰 힘입니다.

요즘은 돈을 모으는데도 소수의 거액 기부금보다

다수의 소액 성금이 차지하는 비중이 더 커지고 있습니다. 극심한 경제 위기를 겪은 2008년 말. 사회복지공동모금회에 모인 성금은 기대했던 액수에 미치지 못했다고 합니다. 어려움에 처한 기업들이 후원을 줄였기 때문입니다. 하지만 모금 건수는 예년에 비해 크게 증가했습니다. 많은 돈은 아니지만 성금을 내는 개인의 수는 오히려 늘어난 것입니다.

물론 빌 게이츠와 같이 엄청난 돈을 사회에 기부하는 착한 부자는 앞으로 더 많이 나와야 합니다. 사회적 책무가 모든 시민의 것이 된 오늘날에도 이들의 존재는 여전히 중요합니다. 언론이 거액 기부자들을 비중 있게 보도하고, 사회가 이들에게 찬사를 보내는 것은 여전히 필요합니다. 이런 사람들이 있기 때문에 더 많은 사람들이 나눔과 봉사에 참여하게 되는 것입니다.

노블레스 오블리주와 시티즌 오블리주는 서로 대립하는 개념이 아닙니다. 어느 한쪽이 더 우위에 있다고 할 수도 없습니다. 신분의 차별이 사라졌다고 해도 노블레스 오블리주의 전통과 가치는 아직도 소중합니다.

하지만 여기에 머무를 수는 없습니다. 시민이 세상의 주인이 된 오늘날 사회적 책임을 실천하는 것도 이제 모든 시민의 몫입니다. 새롭게 시티즌 오블리주가 필요한 이유입니다. 특히 경제적으로 윤택한 삶을 살고 있는 나라에서 어느 정도 안정된 삶을 사는 사람이라면 먼저 나서서 이웃과 인류를 위해 시티즌 오블리주를 실천해야 합니다.

진정한 노블레스 오블리주는 시티즌 오블리주를 더욱 확산시킬 것입니다. 시티즌 오블리주가 더욱 확대되면 노블레스 오블리주도 더 활력을 얻을 것입니다.

모두가 빌 게이츠와 같은 갑부가 돼 엄청난 돈을 사회에 기부할 수는 없습니다. 하지만 그의 나눔 정신은 똑같이 실천할 수 있습니다. 수천 명, 수만 명이 모이면 게이츠보다 더 큰돈을 모을 수도 있고, 더 많은 일을 할 수도 있습니다. 빌 게이츠가 수만 명의 마음을 움직이고, 수만 명이 또 다른 게이츠를 탄생시킬 것입니다.

물론 노블레스 오블리주와 시티즌 오블리주를 기부 액수나 사회적 지위를 기준으로 나눌 수는 없습니다. 결코 바람직하지도 않습니다. 다만 지금은 이 두 가지의 차이를 인정하고 둘 다 더 활성화되기를 바랄 때입니다. 언젠가는 노블레스와 시티즌을 구별할 필요가 없게 될 것입니다. 이때 비로소 완전한 의미의 시티즌 오블리주가 될 것입니다.

유럽과 미국에서는 세계적인 갑부였던 발렌베라나 카네기가 설립한 재단 못지않게 왕성하게 활동하는 시민재단이 많습니다. 이들 시민재단은 한 개인이 거액을 기부해 재단을 만든 게 아니라 수많은 시민의 성금으로 재단을 설립해 공익을 위한 여러 사업을 벌이고 있습니다.

시민주권은 정치적인 영역에만 있는 게 아닙니다. 기부와 봉사의 주인공은 이제 모든 시민입니다. 모든 시민이 공동체의 구성원 모두가 행복할 수 있도록 함께 나누는 시대, 시티즌 오블리주 시대가 열리고 있습니다.

《시티즌 오블리주》, 266~269쪽에서

대변인은
입이 열한 개입니다

대변인을 정당 당직자(黨職者)의 꽃이라고 부르던 때가 있었습니다. 권위주의 시절에는 '당총재와 대변인 둘이서 당무의 8할을 처리한다'는 말도 있었답니다.

지금은 그 정도는 아니지만 여전히 대변인은 정치인이라면 꼭 한번 해 보고 싶어 하는 선호도 1순위 당직입니다. 국민이 가장 자주 접하고 오랫동안 기억하는 정치인도 대변인 출신이 많습니다.

저는 국민참여당과 국민의당에서, 또 안철수 대통령 후보와 박원순 서울시장 후보 선거캠프에서 대변인 등으로 활동했습니다.

다른 정당이나 후보자의 잘못을 지적하고 비판할 사안이 생기면 대변인이 아니어도 너도나도 나서서 열심히 공격합니다. 중대한 사안이라면 대변인이 논평을 내기도 전에 당대표와 후보자가 먼저 앞장서 문제를 지적하는 경우도 적지 않습니다.

하지만 자기가 속한 정당이나 선거캠프 관계자가 잘못을 저지르는 경우도 있을 수 있습니다.

어떤 때는 '입이 열 개라도 할 말이 없다'고 할 만큼 명백한 잘못도 있을 것입니다. 이럴 때는 실수나 잘못을 인정하고 사과하는 게 가장 먼저입니다.

만약 오해에서 비롯된 일이라면 솔직하게 해명하고 이해를 구해야 합니다. 하지만 왜곡과 오해가 너무 심할 때는 섣부르게 해명하는 것보다 아무 소리 하지 않고 묵묵히 견디는 게 더 현명할 때도 있을 것입니다.

오히려 잘못을 저질렀거나 오해를 받은 당사자는 아무 소리 하지 않고 연락을 끊을 때도 있습니다. 하지만 대변인은 그럴 수가 없는 처지입니다.

기사를 써야 하는 기자들로부터 끊임없이 논평을 요구받고, 성난 국민에게서 "뭐라고 한마디라도 하라"는 거센 질타를 받기 때문입니다. 또 힘든 시기를 함께 견디는 지지자들이 대변인의 한마디를 애타게 기다릴 수도 있습니다.

저도 이런 경우가 있었고, 이때는 '내가 지금 대변인이 아니라면 얼마나 좋을까' 하는 생각이 들 정도였습니다.

아무리 힘들고, 할 말이 없을 때라도 대변인을 맡은 이상 아무 말도 하지 않을 수는 없습니다. 그게 바로 대변인의 숙명입니다.

'10만큼 잘못한 것은 인정하고 그만큼 비난하는 것은 받아들이겠다. 그러나 100만큼 공격하는 것은 부당하다'며 쩍소리라도 내야 할 때가 있습니다. 사서 매를 버는 악역인 줄 알면서도 나서지 않으면 안 되는 역할도 마다할 수 없는 게 대변인입니다.

힘겨운 시기에 대변인 업무를 하며 당 공보실을 지킬 때, 저는 저 자신을 '대변인은 입이 열한 개'라는 말로 위로하고 격려했습니다.

입이 열 개라도 할 말이 없지만, 대변인은 입이 열한 개라 할 말이 있다고 생각하며 제 소임을 다할 때도 있었습니다.

빨래의
시간

"무슨 빨래 몇 개 너는데 그렇게 한참 걸려…"

제가 빨래를 널다가 간혹 아내에게 듣는 핀잔입니다.

사실 저는 세탁기에서 빨래를 꺼내 온 후, 이걸 펴서 건조대에 널 때까지 조금 시간이 많이 걸립니다.

그래도 이유는 있습니다.

저와 제 처는 저희 두 아이를 일회용 기저귀가 아니라 '천 기저귀'를 갈아 주며 키웠습니다. 하루에도 기저귀 빨래가 20~30장씩 나왔습니다. 손으로 헹구고 빨아서 가스 불에 물을 끓여 삶고, 다시 세탁기에 넣고 돌려 탈수를 해서 아이와 엄마가 함께 자는 방에 널었습니다.

뽀송뽀송 다 마르면 반듯하게 개서 아기 옷장에 차곡차곡 쌓았습니다.

매일 빨래에만 두어 시간을 쓸 정도라 탈탈 털고

대충 펴서 건조대에 널 때도 있었습니다. 이렇게 하면 빨래 너는 시간은 분명 단축됩니다.

그런데 갤 때가 문제입니다. 삐뚤삐뚤 울퉁불퉁하게 말라 버린 기저귀를 반듯하게 개는 건 정말 쉽지 않고, 더 많은 시간이 걸렸습니다. 기저귀가 겉으로 보이는 건 아니지만 아기 피부에 처음 닿는 옷과 마찬가지인데 단정하고 반듯해야 한다는 게 제 생각이었고 지금도 그렇습니다.

그래서 이때부터 빨래를 널 때 바르게 펴고 모양을 제대로 잡아 널게 됐습니다. 이렇게 하면 널 때는 조금 더 수고롭지만 갤 때는 훨씬 수월합니다.

수건은 딱 가운데가 건조대에 걸리게 널고 모서리를 정확히 맞추고, 와이셔츠나 블라우스 같은 옷은 마르면 다리지 않고 입어도 될 정도로 어깨, 소매, 허리선을 따라 잘 펴서 옷걸이에 널어 말립니다.

이렇다 보니 시간이 많이 걸리고, 아내의 잔소리도 피할 수 없습니다.

굳이 변명을 하자면 〈빨래의 시간〉은 공정하다는 것입니다.

널 때 시간을 덜 들이면 갤 때 그만큼 시간을 다시 가져갑니다.

정치를 하는 제게 정말 많은 분들이 "남들처럼 쉽게 빨리빨리 국회의원 되는 길로 가야지 왜 그렇게 어려운 길만 가려고 하세요!" 하며 걱정해 주십니다.

반듯하게 잘 펴서 널면 정말 급할 때 소중한 시간을 절약해 주는 '빨래의 시간'을 저는 믿습니다. 제가 가는 길, 제가 들인 시간이 분명 헛되지 않을 거예요.

울고 있는
수많은 '노무현'을 보았습니다

저는 울지 않았습니다.

토요일 아침 노무현 대통령님의 서거 소식을 처음 들었을 때 저는 울지 않았습니다. 봉하마을로 향하는 기차에서도 눈물을 흘리지 않았습니다. 시신이 안치된 마을회관 앞 빈소에서 수많은 조문객들이 오열할 때도 끝내 울지 않았습니다.

하염없이 흐느껴 우는 유시민 전 장관의 어깨를 감싸며 "힘내세요"라고 위로할 만큼 전 이성적이었습니다. 애써 참은 게 아니라 눈물이 나오지 않았습니다.

다음날 봉하마을을 뒤로하고 광명시에 있는 저희 집으로 돌아왔습니다. 광명에도 임시분향소를 마련했다는 소식을 들었습니다. 여기에서 '상주(喪主)' 자원봉사라도 하려고 그곳을 향했습니다. 주제넘게 상주로 나서겠다고 생각한 것은 광명시가 제 고향이기도 하거니와 제가 참여정부 시절 대통령비서실 행정

관을 지냈기 때문입니다. 조문객을 맞는 게 제 할 도리라고 생각했습니다.

작은 천막 아래에 놓인 손바닥만 한 영정 앞에는 종이컵에 담긴 막걸리 한 잔과 수북이 쌓인 하얀 국화가 놓여 있었습니다. 상주 자리에 섰습니다. 광명시는 대통령님과 특별한 인연이 있는 곳이 아닙니다. 또 덕수궁 대한문 앞처럼 어떤 상징성이 있는 분향소도 아닙니다. 때문에 조문객이 많지 않을 거라고 생각했습니다. 그렇지 않았습니다. 평일 낮인데도 조문 행렬이 끊이지 않았습니다. 밤에는 수 십 미터 넘게 줄을 서서 기다려야 분향을 할 수 있습니다.

상주 자리에 선 지 얼마 되지 않았을 때였습니다. 앞을 지나던 한 할머니가 "차림이 이런데 분향을 해도 되느냐"고 물었습니다. 갑자기 눈에 뭐가 들어가기라도 한 것처럼 눈시울이 따끔했습니다. 할머니의 손과 얼굴에는 주름이 가득했고 옷차림은 초라했습니다. 향에 불을 붙이던 할머니는 어느새 흐느껴 울고 있었습니다. 그래도 저는 울지 않았습니다. 일부러 참은 것은 아니지만 '저 분은 왜 우실까?'를 생각하느라 눈물이 나오지 않은 것입니다.

이후에도 조문객 중에 우는 사람들이 많았습니다.

누구는 애써 참으려는 듯 조용히 흐느꼈고, 또 누구는 서럽게 큰 소리로 울었습니다. 이때까지도 저는 '왜 울까?'를 계속 생각하고 있었습니다. '대통령님 살아 계실 때 가까이에서 한 번 뵌 적도 없는 분들일 텐데…; 모두가 노무현 대통령을 열렬히 지지했던 것도 아닐 텐데…'

봉하마을에서도 우는 사람들을 참 많이 만났습니다. 하지만 저는 이런 모습을 보고 왜 우느냐고 묻지 않았습니다. 그냥 당연하게 받아들였습니다. '비통한 소식을 듣자마자 여기까지 달려온 사람이라면 대통령님을 아주 좋아하거나 지지하는 사람일 것이고, 이들이 사랑하는 분의 갑작스러운 죽음에 서러워하는 것은 당연하다'고 생각했던 것입니다. 또 대통령님의 시신을 직접 볼 수는 없지만 불과 몇 미터 앞에 안치돼 있다는 사실을 생각하면 눈물을 흘리지 않는 저 같은 사람이 오히려 이상하다고 생각했습니다.

봉하와 광명이 다른 만큼 그곳에서 분향하는 조문객들의 마음도 다를 것이라는 편견이 있었던 것입니다. 이런 어리석은 생각이 깨졌기 때문일까요. 시민들의 사소한 몸짓 하나하나가 제 머릿속을 날카롭게 파고들었고 결국 마음 깊은 곳을 아프게 찔렀습니다.

하얗게 거품이 뜬 막걸릿잔을 비우고 새로 술잔을 올린 할아버지는 영정 앞에 엎드려 한참을 일어나지 못했습니다. 조용히 헌화와 묵념을 마친 젊은 여자분은 자기 가방 속에서 무엇인가를 찾았습니다. 짧았지만 꽤 길게 느껴진 시간이 지나 그녀가 꺼낸 것은 뜯지 않은 담배 한 갑이었습니다.

집을 나설 때부터 조문을 하려고 했는지 검은 넥타이까지 챙겨 맨 젊은 남성은 향에 불을 붙이다 끝내 울음을 터트렸습니다. "오전에 이 앞을 지났는데 옷차림 때문에 분향을 못하고 집에 들어가 옷을 갈아입고 왔다"는 아주머니도 슬픔을 억누르지 못했습니다.

이미 먼발치에서부터 계속 울며 걸어와 영정 앞에 선 한 젊은 여자분은 헌화하고 분향소를 나설 때도 계속 울고 있었습니다. 등에 풍선을 매달고 있는 지적 장애우도 분향을 했습니다. 절을 두 번 하는 것이라고 안내를 해주었습니다. 분향을 마치자 누군가 그에게 물었습니다. "여기에 왜 절하는지 아세요." 스무 살 전후로 보이는 그녀는 이렇게 말했습니다. "대통령 할아버지가 부엉이가 있는 바위에서 떨어져 죽었대요. 슬퍼요."

어느 순간부터인가 저는 어금니를 꼭 깨물며 울음을 참으려 애쓰고 있었습니다. 하지만 이미 두 뺨에는 눈물이 흐르고 있었습니다.

저는 다시 마음속으로 물었습니다.

'여러분, 왜 그리 서럽게 우세요?'

그리고 대답을 들었습니다.

'저는 이제야 알았어요. 노무현 대통령님 영정 앞에서 울고 있는 제가 바로 '노무현'이에요.' 이곳에서 흐느끼는 많은 이들이 이렇게 말하고 있는 것 같았습니다.

그러고 보니 참 많이 닮았습니다.

아무리 손해를 봐도 소신과 원칙을 지키는 바보 같은 모습이,

돈과 권력 앞에서 눈치 보지 않고 비굴하지 않은 당당한 모습이,

끝까지 자신의 양심을 지키는 진실한 모습이,

작고 사소한 것에서 행복과 기쁨을 찾는 소박한 모습이.

노무현 대통령님과 그의 영정 앞에 목 놓아 우는 우리들의 모습이 참 많이 닮았습니다.

저는 분향소에서 울고 있는 수많은 '노무현'을 보았습니다. 그리고 저도 울었습니다.

<프레시안>, 2009.05.28.

창작 동화

'동화 같은 정치'를
꿈꾸며

• 창작 동화 〈TV:인어가 보낸 편지〉

디저트

창작동화

'동화 같은 정치'를
꿈꾸며

"악당은 반드시 벌을 받고 정의는 언제나 승리하는 세상을 만들겠습니다."

선거에 출마한 정치인이 이런 주장을 한다면 당장 어떤 대답이 돌아올까요?

"동화 같은 소리 하시네요." 혹시 이런 말이 아닐까요.

그런데 조금만 더 생각해 보면 '동화 같은 세상'을 꿈꾸고 실현할 수 있는 유일한 존재와 수단이 어쩌면 정치일지도 모릅니다.

제가 정치인으로 정당에서 활동하는 동안 가장 많이 맡았던 당직은 바로 대변인입니다.

대변인이 매일 쓰는 논평과 성명은 상대 정당의 행위를 공격하거나 다른 당 정치인들의 언행을 비판하는 내용이 대부분입니다.

'규탄한다!', '각성하라!', '사퇴하라!' 이런 말과 글을 매일 같이 쏟아냅니다.

"양순필 대변인님 논평은 정말 최고예요." 기자와 국회의원, 지역 주민과 당원들께 이런 말씀을 수도 없이 들을 만큼 대변인 일을 잘했습니다. 제가 가진 능력을 가장 잘 발휘할 수 있는 대변인 역할이 제게 주어진 것도 분명 행운입니다.

하지만 솔직히 고백하자면 정당 대변인은 제 성격에 잘 맞지 않는 면도 많습니다. 저는 상대방을 공격하는 걸 무척 싫어하고, 또 상대를 비판하면 제 마음이 그 열 배만큼 무거울 때가 많은 사람입니다.

제 큰아이가 유치원에 다니던 시절. 대변인으로 활동하던 어느 날, 거울에 비친 제 얼굴이 문득 낯설게 느껴졌습니다. 상대를 공격하는 글만 매일 같이 쓰다 보니 얼굴도 못되게 변하는 것 같았습니다.

'다른 글을 써 보면 어떨까' 하는 생각을 이때 처음으로 해 보았습니다.

마침 아이가 어렸을 때라 동화책을 많이 읽어 주었고, 아이에게 책에서 보거나 어딘가에서 들었던 옛날이야기를 들려주곤 했습니다.

영흥도 어느 바닷가에서 제 아이와 동갑내기 조카를 양쪽 무릎에 앉혀놓고 제가 지어낸 이야기를 들려준 적이 있습니다. 평소 같으면 "시시해요. 다른 이야기 해 주세요" 할 아이들이 두 눈을 반짝이며 귀를 쫑긋하고 들었습니다. 엉터리 제 이야기에 빠져들었다기보다는 바닷가에 붉게 물든 노을에 취해 그랬던 것인지도 모릅니다.

제 이야기가 끝나자 제 아이와 조카가 동시에 "그걸 동화로 써 주세요" 하는 겁니다.

이때부터 가끔 동화인 듯 동화 아닌, 동화 같은 글을 썼습니다. 그런데 놀랍게도 논평을 쓸 때 어두웠던 마음과 달리 동화를 쓰려고 컴퓨터 자판 위에 손을 올리기만 해도 행복하고 기분이 좋아졌습니다.

10년이 다 된 지금도 떡하니 내놓을 만한 제대로 된 동화 한 편을 완성하지는 못했습니다. 게으르고 문학적 재능이 부족한 탓입니다. 그래도 동화를 쓰는 건 늘 즐겁습니다. 서로 미워하지 않는 세상, 나쁜 사람은 죄를 뉘우치고 착한 사람은 복을 받는 동화 나라에서는 누구나 행복합니다.

저는 두 아이의 아빠로, '동화 같은 정치'를 꿈꾸는 정치인으로 살고 있습니다.

그 어느 날, 영흥도 바닷가 이야기에서 시작되고 아직은 미완성인 창작 동화를 마지막 후식으로 내놓습니다.

<TV:인어가 보낸 편지>

-1-

터진 달걀노른자처럼 일그러진 해가 수평선 너머로 사그라지고 있다.

"누나, 인어는 정말 있지!"

"아니 없을걸."

"아냐, 분명 있어."

동생 석이가 뿔난 목소리로 버럭 화를 냈다. 누나 송이는 깜짝 놀라 가는 눈을 동그랗게 떴다.

"우리 엄마, 아빠가 집에 돌아오지 못하는 건 인어가 돼 먼바다를 여행하기 때문이랬어."

그제야 송이는 자기 대답이 틀린 것은 아니지만 잘못됐다는 걸 깨달았다.

"할머니가 바닷속에서 직접 인어를 봤다고 했단 말

이야."

석이 말에 송이는 아무런 대답도 하지 못했다.

시간만 무심히 흘렀다. 검붉게 물든 석양을 등지고 마당에 들어서는 꼬부라진 그림자. 물질을 하며 어린 두 손주를 키우는 해녀, 할머니다.

석이가 신발을 반만 신고 달려 나갔다. 바다 냄새 짙은 할머니 가슴팍에 파고들며 말했다.

"할머니, 누나가 글쎄 인어가 없대. 바보."

할머니는 쪼글쪼글 곱은 손으로 손자 등을 어루만졌다. 눈은 손녀를 향했다. 송이도 할머니를 봤다. 둘은 아무 말도 하지 않았다. 그래도 다 안다는 듯이.

- 2 -

오누이가 사는 바닷가 작은 부락에서 산모퉁이를 돌면 외딴집이 나온다. 오랫동안 비어 있었는데 언제부터인가 한 남자가 살고 있다. 그가 어디에서, 왜 이곳에 왔는지 아는 사람은 아무도 없다.

그래도 사람들은 낯선 남자에게 예의를 갖춰 "선생님"이라고 불렀다. 학교 선생님도 아닌데 말이다.

'부모 없는 송이와 석이를 친자식처럼 살뜰히 보살펴 준다'는 소문이 마을에 퍼진 게 그가 선생님으로

불리는 가장 큰 이유일 것이다.

가끔 이웃들이 물고기를 잡아 갖다 줘도 그는 웬일인지 매번 받지 않았다.

-3-

"아저씨, 아저씨!"

석이가 외딴집을 향해 뛰어오며 큰 소리로 그를 불렀다.

"선생님이라고 해야지."

송이가 따라오며 나지막이 말했다.

"우리 송이랑, 석이 왔구나."

"아저…, 아니 선생님. 정말 우리 엄마, 아빠 알아요?"

"그럼 알고말고."

"언제부터, 어떻게 아는데?"

"글쎄, 그건 엄마, 아빠랑 비밀로 하겠다고 약속했는걸."

"아이 정말, 얘기해 주세요. 네?"

"선생님 힘드서 어서 내려와."

누나는 석이 손을 잡아끌며 미안함이 잔뜩 밴 목소리로 말했다.

송이가 정말 미안한 건 동생이 선생님한테 무겁게 매달려서가 아니다. 볼 때마다 엄마, 아빠 소식을 묻기 때문이다.

'석이는 언제나 철이 들까!'

- 4 -

사람들은 누구나 인생에 갈림길이 있다.

어느 학교로 진학할지, 어떤 일을 직업으로 삼을지 선택한다.

학교가 달라도 학생인 건 마찬가지다. 직업이 달라도 사람으로 이 세상을 살아간다는 사실은 변하지 않는다.

그러나 인어는 다르다. 인간과는 차원이 다른 선택이 그들 앞에 놓여 있다.

마리와 세라는 남녀 인어 어린이다. 사람의 나이로 따지면 서른 살이 넘은 어른이다. 그런데 인어 나이로는 아직 열 살 남짓밖에 되지 않았다. 인어는 사람보다 더 천천히 어른이 된다. 그건 깊은 바닷속 높은 수압이 시간의 화살마저 느리게 날게 했기 때문인지도 모른다.

마리와 세라는 서로 사랑했다. 둘은 영원히 함께

할 거라 믿었다.

인어 소녀 세라는 전 세계 바다에 사는 모든 친구들을 도우며 살겠다고 다짐했다.

"세라야, 너의 꿈은 정말 멋져! 내 꿈은 네 곁에서 그 일을 함께하는 거야."

마리의 이 말이 세라는 참 좋았다. 둘은 같은 꿈을 꿨고 함께 헤엄쳤다.

-5-

인어족은 바다의 파수꾼이다. 마리와 세라는 그 숙명을 자신의 삶으로 기꺼이 받아들일 준비가 돼 있다.

마리와 세라의 엄마, 아빠 인어, 아니 그들의 할아버지, 할머니 인어들이 바다를 지키던 시절. 그때의 파수꾼들은 고래잡이배에서 날아오는 작살과 맞서 싸웠다. 또 탐욕으로 촘촘히 얽힌 그물로부터 치어를 지키는 게 큰일이었다.

이 일은 지금도 게을리할 수 없는 파수꾼의 임무다. 하지만 요즘 바다 세상을 위협하는 가장 큰 두려움은 따로 있다.

얼마 전부터 고등어 무리가 떼죽음을 당하고, 해

초 더미가 하얀 점에 뒤덮였다가 검게 타 죽는 일이 여기저기서 벌어지고 있다. 바다를 떠다니는 괴물체는 참치만큼 큰 것도 있고 새끼 멸치보다 작은 것도 있다. 심지어 있는지조차 모르게 미세한 점들도 유령처럼 떠다닌다.

큰 것들은 고래 배 속까지 파고든다. 죽은 고래 무덤에서는 창자를 가득 채운 이것들이 썩지 않은 채 하얀 뼈들 사이로 드러나 있다. 작은 건 물고기들도 모르는 사이에 아가미와 부레 구석구석에 들러붙어 숨통을 조이고 있다.

"저 반짝이는 것들이 대양을 뒤덮으면서부터 우리 바다와 친구들이 죽어가고 있어!"

"도대체 저 괴물 같은 건 어디서 왔을까? 어떻게 하면 물고기 친구들을 지킬 수 있을까?"

세라와 마리는 해면을 섬처럼 덮고 있는 검은 그림자를 바라봤다. 바다와 친구, 그리고 자신들의 미래를 생각했다.

-6-

석이 엄마, 아빠가 인어가 됐다는 할머니 말씀은 정말일까?

착한 일을 많이 한 인간이 바다에서 목숨을 잃으면 용왕님이 인어로 다시 태어나게 한다는 전설이 있다. 이게 사실인지는 인어들도 모르고, 사람들도 알지 못한다.

바다 표면을 뒤덮은 그것들 때문에 바닷속에 짙은 어둠이 드리웠다. 그림자 밑을 헤엄치던 마리는 낯선 인어 아저씨를 보았다. 마리가 태어나서부터 지금까지 이곳 인어 나라에서 한 번도 본 적 없는 아저씨다.

"이 재앙을 막아야 하는데, 정말 막아야 하는데."

아저씨가 중얼거리듯 내뱉은 말인데도 마리 귀에 또렷이 들렸다. 여긴 물속이니까.

인어 아저씨는 찌그러지고 깨진 조각들을 잔뜩 손에 들고 있었다. 바다 위로 솟구치듯 올랐다 밑바닥까지 내렸다가를 여러 번 반복했다. 손에 든 걸 딱히 어디론가 옮기려는 것 같지는 않았다. 자신도 무엇을 해야 할지 몰라 이리저리 허둥대며 서툰 지느러미질만 하는 것 같았다.

그의 입가에 "막아야 해, 막아야 해"라는 말풍선이 연신 매달렸다.

"아저씨 뭘 하고 계세요?" 마리가 그에게 다가가며 물었다.

"아니, 아무것도… 무언가 해야 하는데 무엇을 해야 할지 나도 모르겠어."

굵은 목소리는 검정색 같이 어둡고 가는 눈매는 짙은 갈색처럼 쓸쓸했다.

"아저씨 손에 든 그 조각들은 뭔가요? 저 반짝이는 점들은 도대체 어디에서 온 건지 아시나요?"

"그, 그건…" 그는 한참을 머뭇거리다 말을 이었다.

"마리야 그건, 인간들이 마구 먹고 쓰고 버린 플라스틱이란다."

마리는 아저씨가 자기 이름을 말하자 무척 놀랐다. 하지만 더 놀라운 건 인간과 플라스틱 이야기였다. 인간들이 저지른 일이고, 인간들이 만들어낸 물건이라니. 그렇다면 인어들의 힘으로 그걸 해결하는 건 어쩌면 불가능한 일일지도 모른다.

'바다거북의 코와 목을 막아 질식시키고, 친구들의 아가미와 지느러미를 병들게 한 범인이 바로 플라스틱 쓰레기, 미세 플라스틱이었다니!'

한없는 분노와 끝없는 공포가 동시에 밀려왔다.

그래도 마리는 차분하게 생각하려고 노력했다.

'분명 막을 방법이 있을 거야!'

아저씨를 만난 일은 마리에게 큰 충격이었다. 머릿속이 온통 뒤죽박죽이 됐다. 그런데 심장은 왠지 더 뜨거워진 것 같았다.

우연히 한 번 만나면 계속 눈에 띄는 법일까. 아니면 누군가 다시 보기를 간절히 원해서였을까. 그 후로 둘은 약속을 하지 않아도 자주 마주쳤다.

아저씨는 세라와 마리의 꿈에 대해 듣고 진심으로 응원해 주었다. 마리는 아저씨가 들려주는 인간 세계 이야기에 푹 빠져들었다.

아저씨 이야기는 마치 인간 세상에 살았던 사람이 전하는 말처럼 생생했다. 인간들이 당장의 편리함만 좇을수록 바다 환경은 점점 더 망가진다. 이런 안타까운 현실에 둘은 함께 화를 내고 또 서로 위로했다.

마리는 끝까지 인어 아저씨가 어디에서 왔는지 묻지 않았다.

'아저씨는 정말 사람이었다가 인어가 된 건지 몰라. 용왕님께 그 비밀을 아무에게도 말하지 않겠다고 약속하고 인어가 된 거라면 그걸 지켜 줘야 해!'

어쩌면 마리는 이런 상상을 하며 묻지 않은 것인지도 모른다.

인어 나이로 소년에서 청년이 되어 가는 마리는 이제 선택해야 한다.

어떻게 살 것인가?

어디에서…; 무엇으로…

-8-

바다 한가운데서 맞는 석양은 모든 것을 엄숙하게 만드는 묘한 힘이 있다.

세라와 마리는 바다 위로 몸을 내놓고 나란히 서서 붉게 물든 서쪽 하늘을 바라봤다.

"세라야… 나, 사실은…" 마리는 말을 잇지 못했다.

"세라야…"

세라는 마리를 애써 외면하고 물살이 돼 사라졌다. 한동안 오지 않았다.

얼마나 오랜 날들이 흘렀을까. 마리를 다시 만난 세라가 먼저 말을 꺼냈다.

"인간이 되려는 거지. 나를 두고 떠나려는 거잖아. 흑흑."

"어떻게 알았…"

마리가 하려던 말을 세라가 했다. 세라는 직감으로 이런 말을 듣게 될 줄 알았다. 하지만 막상 들으려니 엄두가 나질 않아 먼저 말해 버린 것이다.

얼마 전부터 마리의 눈길이 자주 육지 쪽을 향하는 걸 세라는 느꼈다. 정확히 그 아저씨를 만난 후부터다.

마리의 이야기는 인간 세계를 바꾸겠다는 신념으로 가득 찼다. 더이상 바다를 오염시키는 사람들에 대한 원망이나 분노는 없었다.

처음에 세라는 마리와 헤어져야 한다는 현실을 받아들일 수 없었다. 그래서 어떻게든 말리려고 했다. 하지만 그러지 않기로 결심했다.

어려서부터 마리는 세라의 말이라면 무엇이든 들어주고 언제나 함께였다.

'존재가 바뀌고, 서로 사는 공간이 달라진다고 해도 마리를 향한 내 마음은 절대로 변하지 않아!'

세라는 이거면 됐다. 그래서 많이 그립고 아프지만 마리를 떠나보내기로 마음먹었다.

마리도 세라에게 '같이 인간이 되자'는 말은 끝내 하지 않았다. 세라의 소중한 꿈을 잘 알기 때문이다. 인간이냐 인어냐? 바다에 사느냐 육지에 사느냐? 이들에게 이런 건 더이상 중요한 게 아니었다.

마리와 세라는 영원히 사랑하고, 같이 꿈꿀 테니까.

마리는 인간이 되었다.

인어가 인간이 될 때 하반신이 뜨겁거나 아플 줄 알았는데 그렇지 않았다. 깜빡 잠이 들었다가 깬 것 같은데 낯선 곳에 사람의 모습으로 서 있는 자신을 발견했다. 마치 인어로 살았던 과거가 몽땅 꿈만 같았다.

'사람만 되면 바다를 뒤덮은 플라스틱 산더미를 순식간에 걷어내 버릴 방법이 있을 줄 알았는데…'

인간이 되고 얼마 동안 마리는 바다 친구들을 위해 당장 자기가 할 수 있는 일이 없다는 생각에 좌절했다.

세라가 보고 싶고, 바다가 그리웠다. 그때, 어떤 힘에 이끌리듯 어느 바닷가에 도착했다. 거기 송이와 석이가 살고 있었다. 마을 사람들은 낯선 이방인을 따뜻하게 대해 줬다. 특히 석이와 송이는 마리를 무척 좋아했다.

"우리 엄마, 아빠는 인어가 됐어요."

석이에게 이런 말을 듣고 나니 아이들 눈매가 어딘지 더 낯익은 것 같았다.

사람들과 어울리며 바다와 친구들을 구하려는 자

기 생각이 곧 인간을 돕는 길이란 것도 알게 됐다. 그래서 조금씩 힘이 났다.

불현듯 "인간들은 나비의 작은 날갯짓이 지구 반대편에 엄청난 태풍을 일으킬 수 있다고 말한다"던 인어 아저씨의 얘기가 떠올랐다. 다시 마리의 가슴이 설렜다. 곧 마법 같은 일을 알게 됐고 바로 시작했다.

- 10 -

마리는 〈TV:인어가 보낸 편지〉를 만들어 소통하는 1인 크리에이터가 됐다.

동영상 공유 사이트에 처음 방송을 열었을 때는 하루 방문자가 채 열 명도 되지 않았다. 하지만 구독자 수가 만 명, 십만 명, 백만 명을 넘어서는 데 그리 오랜 시간이 걸리지 않았다.

그 어디에서도 볼 수 없던 바닷속 진귀한 영상과 인어들의 신비한 이야기가 사람들을 사로잡았다.

댓글 창에는 "님! ㄹㅇ 인어셨음?" 하는 글들이 심심찮게 올라왔다.

구독자들은 특히 인어 소녀 세라의 해저 이야기에 흠뻑 빠져들었다. 세라가 친구와 바다를 지키기 위해 인간들이 버린 플라스틱 쓰레기와 싸우는 모습에 감동하고 반성했다. 지구 바다 어딘가에 정말 인어들이 살고 있을 것만 같았다.

마리가 방송하는 날이면 '나도 오늘부터 당장 일회용 플라스틱 사용을 줄이겠음' 하는 댓글이 전 세계 언어로 수천 개씩 달렸다.

'인어가 보낸 편지'는 지구 반대편까지 날아갔다. 아저씨 말대로 나비가 일으킨, 아니 마리가 일으킨 작은 바람이 태풍이 된 것이다.

'세라는 지금 어느 바다를 헤엄치고 있을까?'

마리는 외딴집을 나서 비탈길을 지나 바다로 향했다.

석양에 물든 바닷물에 맨발을 담갔다. 봄 바다는 차갑고 포근하다. 세라의 몸짓이 만든 물결이 마리의 발가락 끝부터 전해 오는 것만 같다.

바다에 반쯤 잠긴 해를 가르며 나온 반짝이는 물살!

빠르게 다가온다. 마리의 심장이 뜨겁게 쿵쾅거린다.

<주방장의 편지>

'양순필의 정치맛집'
단골이 되어 주세요!

'음식은 먹어 봐야 맛을 알고, 사람은 겪어 봐야 속을 안다'고 했습니다.

우연히 찾았던 식당이 알고 보니 숨은 맛집이라면, 완전 대박!!!

내가 지지하는 정당이 공천한 후보라 무조건 찍었더니, 이런 우라질!!!

우리 삶은 선택의 연속이고 그 결과는 뜻밖에 좋을 수도, 나쁠 수도 있습니다.

그래서 사람들은 실수와 실패를 줄이기 위해 미리 검색하고 정보를 공유합니다.

이렇게 맛집 족보가 탄생하고, 입에서 입으로 톡에서 톡으로 전달됩니다.

여기에 정치맛집도 몇 곳 추가해 보면 어떨까요.

주방장의 손맛은 어떤지, 어떤 재료로 무슨 메뉴

를 펼쳐 내놓는지 꼼꼼히 따져 보세요.

'양순필의 정치맛집'은 어떠셨어요?

정치를 씹고 뜯고 맛보고 즐기신 소감, 괜찮으셨나요?

가족과 친구 손 맞잡고 꼭 다시 찾아와 주시면 정말 반갑겠습니다.

단골이 되어 주세요!

2019년 12월 9일,
광명사거리 어디쯤에서
주방장 양순필 드림